Agricultores

de antes y de hoy

Lisa Zamosky

Créditos de publicación

Rachelle Cracchiolo, M.S.Ed., *Editora comercial*

Conni Medina, M.A.Ed., *Gerente editorial*

Emily R. Smith, M.A.Ed., *Realizadora de la serie*

Robin Erickson, *Directora de arte*

Caroline Gasca, M.S.Ed, *Editora superior*

Sam Morales, M.A., *Editor asociado*

Torrey Maloof, *Editora asistente*

Jill Malcolm, *Diseñadora gráfica básica*

Library of Congress Cataloging-in-Publication Data

Names: Zamosky, Lisa, author.
Title: Agricultores de antes y de hoy / Lisa Zamosky.
Description: Huntington Beach [Calif.] : Teacher Created Materials, 2018. |
  Text in Spanish. | Translation of: Farmers then and now. | Includes index.
  | Identifiers: LCCN 2018022164 (print) | LCCN 2018028613 (ebook) | ISBN
  9781642901306 (ebook) | ISBN 9781642901146 (pbk.)
Subjects: LCSH: Farmers--Juvenile literature. | Agriculture--Juvenile
  literature.
Classification: LCC S519 (ebook) | LCC S519 .Z36 2018 (print) | DDC 630--dc23
LC record available at https://lccn.loc.gov/2018022164

Teacher Created Materials

5301 Oceanus Drive
Huntington Beach, CA 92649-1030
www.tcmpub.com

ISBN 978-1-6429-0114-6

Contenido

Dependemos de los agricultores

Las personas dependen de los agricultores. Ellos cultivan los alimentos que comemos. También se cultivan otras cosas en las granjas. El algodón y la lana vienen de las plantas y de los animales. Se necesitan habilidades especiales para que muchas plantas, o **cultivos**, crezcan. También es necesario esforzarse mucho.

⬆ Este agricultor cosecha su trigo a mano.

⬇ una antigua máquina agrícola

Hace mucho tiempo los cultivos se hacían a mano. Luego se **inventaron** las máquinas agrícolas. Esto les ayudó a los agricultores a cultivar más. Más cultivos alimentaron a más personas. La agricultura ha cambiado la manera como viven las personas en todo el mundo.

⬇ Hoy los agricultores usan grandes camiones.

Antes de la agricultura

La agricultura empezó hace muchísimo tiempo. Los primeros agricultores vivieron en el Medio Oriente.

Antes de la agricultura, las personas debían buscar su alimento. Comían animales salvajes. También comían plantas. Pero era difícil hallar comida suficiente. Tenían que viajar mucho para hallar más comida. Esto significaba que debían trasladarse mucho.

⬇ Una pintura rupestre muestra a hombres primitivos cazando animales.

Turquía

Turkmenistán

Siria

Líbano

Irán

Israel

Irak

Jericó

Jordania

Egipto

Arabia
Saudita

Sudán

Omán

Trigo en el Medio Oriente

Una de las primeras granjas de la historia estaba en una ciudad llamada Jericó. Cultivaban trigo, cebada y guisantes.

⬆ mapa del Medio Oriente

⬇ la diosa Deméter

El nacimiento de la agricultura

Hace mucho tiempo, los griegos creían que su diosa Deméter le dio semillas de trigo a un sacerdote. Luego, el sacerdote viajó por el mundo y les dio las semillas a los humanos. Creían que así fue como comenzó la agricultura.

▲ Esta aldea y sus cultivos están cerca del río Nilo en Egipto.

Establecerse

La vida cambió cuando las personas aprendieron a cultivar. Mantenían animales y plantas en granjas. Las personas ya no tenían que viajar para hallar comida. Esto les permitió quedarse en un solo lugar. Construyeron las primeras aldeas.

Las ciudades se construían cerca de los ríos y las fuentes de agua. Los animales y las plantas necesitaban agua para seguir viviendo. El **limo** de los ríos se desbordaba sobre las granjas. Esto añadía nuevos **nutrientes** a la tierra.

Agua corriente

Los egipcios inventaron el molino de agua. Este invento les permitió recoger agua más rápidamente. Lograron hacer dos cultivos por año en vez de solo uno.

Este molino de agua ▶ se utilizaba para sacar agua del río Nilo.

◀ un niño de una granja de Oklahoma después de una sequía

Tierra seca

Los agricultores necesitan lluvia. La lluvia mantiene los ríos llenos. El agua de río ayuda a las plantas y a los animales. A fines del siglo XIX muchos agricultores perdieron todo porque hubo una **sequía**. Una sequía es cuando no hay lluvias. Algunas sequías duran mucho tiempo.

Cultivar más con máquinas

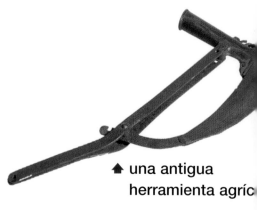

▲ una antigua herramienta agríc[ola]

Los primeros agricultores tenían que hacer todo a mano. Cavaban hoyos en la tierra para plantar sus semillas. Regaban las plantas y las veían crecer. Esperaban que las plantas estuvieran listas para la **cosecha**. Luego las cosechaban a mano.

Pronto se inventaron nuevas herramientas agrícolas. El **arado** fue una de las primeras herramientas. Un arado parte la tierra. Esto hace que la tierra esté preparada para plantar. Los primeros arados eran de madera y piedra.

◄ Hace mucho tiempo los caballos tiraban de los arados.

algodón

Una desmotadora limpia algodón.

Cosechando algodón

La desmotadora de algodón es una famosa máquina agrícola. Quita las semillas y otras partes innecesarias del algodón. La inventó un hombre llamado Eli Whitney a fines del siglo XVIII. La desmotadora de algodón permitió a los agricultores limpiar rápidamente el algodón. El algodón se convirtió en un importante negocio en el sur de Estados Unidos.

◀ Un agricultor ara su campo usando bueyes.

◀ Los tractores a vapor hacen más fácil la agricultura.

Mejores herramientas, más cultivos

Un hombre llamado John Deere inventó un arado de acero en 1837. Este arado metálico era más fuerte que los de madera. Funcionaba mejor y duraba más tiempo. Removía y revolvía la tierra. Se usaban bueyes y caballos para tirar de los pesados arados en los campos. Esto hizo que la labor de los agricultores fuera más fácil. Hoy grandes **tractores** tiran de los arados.

Hay muchas clases de máquinas que se usan para los cultivos. Las máquinas les permiten a los agricultores sembrar más. Cuanto más grande la granja, tanto más alimento pueden cultivar.

⬆ Este agricultor usa un tractor para tirar de una máquina en su campo. ¿Puedes deducir qué es lo que hace la máquina?

Trabajador del metal

John Deere es famoso por fabricar herramientas agrícolas. Pero él no era agricultor. Trabajaba como herrero. Los herreros trabajan con metales. Los calientan hasta que los pueden doblar. Luego los transforman en herramientas, rejas u otros objetos.

Ahorro de tiempo

En 1830 los agricultores tardaban 300 horas para cultivar 100 fanegas de trigo. Pero las cosas cambiaron hacia 1975. Las nuevas máquinas ayudaron a los agricultores a cultivar la misma cantidad de trigo en unas 3 o 4 horas.

un yunque ➡ y pinzas

¿Qué cultivaremos?

Los agricultores deben elegir qué cultivar. Su elección depende del lugar donde viven. Se necesita un clima adecuado para que los cultivos se mantengan saludables. La tierra debe ser adecuada para el tipo de cultivo deseado. Hay cultivos que necesitan más agua que otros.

Algunos de los cultivos más grandes de hoy son trigo, arroz y maíz. Los animales que nos dan alimento también se crían en granjas. Las gallinas ponen los huevos que comemos. Las vacas nos dan la leche.

⬇ Este tractor tiene un rociador que hace posible que el agricultor fertilice sus cultivos.

▲ gallinas en un granero

Granjas sin alimentos

Algunos agricultores tienen cultivos que no sirven como alimento. Las plantas de caucho crecen en granjas. El caucho se usa para hacer distintos objetos. En otras granjas se cultiva algodón. Se utiliza para hacer mantas y ropa.

Produciendo leche

Una vaca lechera produce 100 vasos de leche por día.

⬇ Tanto las personas como los animales comen maíz.

Alimentando las granjas

Los cultivos necesitan agua y tierra saludable para crecer. Hace mucho tiempo, los agricultores debían transportar ellos mismos el agua en baldes. Luego inventaron nuevas

↟ hileras de cul

maneras de transportar agua a la tierra. Esto se llama **irrigación**. Hoy, algunos agricultores usan un **sistema** llamado riego por goteo. Esta es una buena manera de regar los cultivos. El agua se coloca en la **raíz** misma de una planta. Esto mantiene la raíz húmeda en todo momento. También evita que se desperdicie agua.

Los agricultores también usan **fertilizantes** para ayudar a las plantas a crecer. Esta mezcla añade nutrientes a la tierra. Ayuda a que las raíces de las plantas crezcan fuertes y a combatir las enfermedades.

Jugar a la pelota

Las granjas no se miden en pies o en millas. Se miden en acres. Un acre mide como un campo de fútbol americano

Riego por goteo

llave de paso

conducto

orificios de goteo

◀ El agua fluye por los conductos. Luego, sale por los orificios del conducto. Los agricultores distribuyen estos conductos por sus cultivos. El agua mantiene húmeda la raíz.

⬇ Un sistema de irrigación riega los cultivos de este campo.

Protegiendo los cultivos

Los agricultores se esfuerzan para proteger sus cultivos. Los insectos matan muchas plantas. Los agricultores rocían productos químicos sobre sus cultivos para alejar a los insectos. Estos productos se llaman **pesticidas**.

Las personas se preocupan porque los pesticidas dañan el aire. Algunos agricultores no los usan. Se llaman agricultores **orgánicos**. Se cree que los alimentos orgánicos son mejores para las personas.

Eliminando las plagas

En 1938, Paul Müller inventó un pesticida fuerte llamado DDT. Fue muy útil durante la Segunda Guerra Mundial. El DDT se utilizaba para matar insectos que portaban enfermedades graves. Salvó la vida de muchos soldados y marineros.

Los insectos ➡ pueden comer y destruir plantas.

No apto para personas

Los pesticidas han cambiado durante los años. Al principio eran muy fuertes. Permanecían en el aire y en las plantas durante mucho tiempo. Hoy no son tan fuertes. Son más seguros para las personas. Pero sigue siendo importante lavar las frutas y los vegetales antes de comerlos.

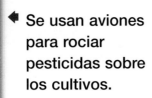

◀ Se usan aviones para rociar pesticidas sobre los cultivos.

Vendiendo alimentos por el mundo

En las granjas se solía cultivar el alimento suficiente para las personas que vivían cerca. Luego, los agricultores comenzaron a cultivar más alimentos. No sabían qué hacer con el alimento que sobraba.

⬇ Los mercados hacen posible que las personas compren frutas y hortaliza

Alrededor del mundo

Estados Unidos vende más cultivos que cualquier otro país en el mundo.

Algunos agricultores comenzaron a intercambiar la comida por otros objetos que necesitaban. Otros agricultores comenzaron a vender los alimentos.

Hoy los agricultores venden sus cultivos a todo el mundo. Grandes buques llevan los cultivos a otros países. Pero esto puede llevar mucho tiempo. Los alimentos pueden echarse a perder. Por eso algunos agricultores envían sus cultivos por avión.

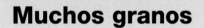

Muchos granos

En Estados Unidos se cultiva la mayor cantidad de soja en el mundo. Estos granos de soja se venden a otros países. China compra la mayor cantidad de granos de soja. México también compra muchos granos de soja.

Agradece a los agricultores

Las grandes ciudades necesitan muchos alimentos. A nosotros también nos gustan muchos tipos de alimentos. Dependemos de los agricultores para esto. El trabajo de un agricultor puede ser muy duro. Hay mucho que hacer para que los cultivos sigan creciendo y se mantengan saludables.

⬇ Las grandes granjas pueden tener distintos cultivos y criar distintos animales.

Los agricultores son importantes para todos nosotros. Su labor nos proporciona el alimento. Casi todo lo que comes proviene de una granja. Piensa en los agricultores la próxima vez que comas frutas o vegetales. ¡Piensa en toda la difícil tarea que hizo falta para cultivar ese alimento!

⬇ Los agricultores cultivan alimentos que nos mantienen saludables.

Un día en la vida de antes

George Washington Carver (1864–1943)

George Washington Carver creció en una granja. Estudió las plantas de la granja. Pero deseaba saber más. Entonces fue a la universidad a estudiar ciencias. El señor Carver aprendió mucho sobre agricultura. El método de rotación de cultivos es uno de sus descubrimientos. Ayuda a mantener sana la tierra. De esta manera se pueden hacer más cultivos.

Imaginemos que le hacemos a George Washington Carver algunas preguntas sobre su trabajo.

¿Por qué decidió ser agricultor?

Sabía que deseaba ser agricultor cuando era un niño. Después de la universidad muchas personas me ofrecieron empleos. No quería esos empleos.

Me gusta ser agricultor. Me gusta descubrir mejores maneras de producir alimentos. ¡Hasta inventé 300 maneras diferentes de usar cacahuates!

¿Cómo es un día en su vida?

Solía trabajar en la granja todo el día. Ahora trabajo en un laboratorio. Uso lo que aprendo en el laboratorio para ayudar a los agricultores que trabajan en el campo.

▲ George Washington Carver (fila de abajo al centro) con otros científicos.

¿Qué es lo que más le gusta de su trabajo?

La agricultura siempre ha sido una tarea muy dura. Me gusta haber descubierto maneras de ayudar a los agricultores. Les enseño cómo mejorar sus cultivos. Gracias a mis descubrimientos, la tierra en el sur está mejorando poco a poco. Esto significa que se podrá cultivar más alimento para que las personas puedan comer.

Herramientas del oficio de antes

Estas son horquillas. Los agricultores las usaban para recoger el heno.

Estos agricultores cargaron su carreta con heno. Luego guardaron el heno en graneros. Tuvieron que usar sus manos. ¡Fue una tarea muy dura!

Los agricultores debían arar sus campos para que las plantas pudieran crecer. Usaban caballos o tractores a vapor para tirar de los arados.

Esta es una hoz. Los agricultores la usaban para cortar a mano pasto y trigo. Ahora hay máquinas que hacen esa tarea.

Herramientas del oficio de hoy

Las máquinas ayudan a los agricultores a levantar fardos de heno. Otra máquina armó los fardos de heno.

Este agricultor utiliza una máquina para evitar que las malezas crezcan entre las hileras de este cultivo.

Este avión rocía los cultivos con líquido que protegerá las plantas de insectos dañinos.

Esto es un rociador de agua. Ayuda a regar rápidamente los cultivos de una granja.

Un día en la vida de hoy

Mark Roush

Mark Roush es un agricultor de Illinois. Viene de una familia de agricultores. Cultiva maíz y soja en su granja. Tiene grandes **silos** para almacenar los cultivos de su granja. El señor Roush también tiene muchos animales de granja.

⬧ Mark Roush (izquierda) con sus padres, Phyllis y Richard Roush. Están parados delante de su tractor.

¿Cuándo decidió ser agricultor?

Decidí ser agricultor inmediatamente después de que terminé el bachillerato. Mi papá y su familia eran agricultores. Y yo crecí en una granja. Ser agricultor es un buen empleo. Me gusta ser mi propio jefe.

¿Cómo es un día en su vida como agricultor?

Lo primero que hago todas las mañanas es alimentar al ganado. Luego me aseguro de que las vacas y los terneros están bien. Después hago distintas tareas. En primavera cultivo plantas como maíz y soja. En el verano corto heno y hago fardos. En el otoño cosecho los cultivos. Y en el invierno trabajo con mis máquinas para mantenerlas en buen estado.

⬇ La familia Roush delante de los grandes silos de su granja.

¿Qué es lo que más le gusta de su trabajo?

Cada día es diferente. Eso es una de las cosas que me gustan de ser agricultor. Es divertido cuidar el ganado y verlo crecer. ¡Y es sensacional manejar el tractor!

Glosario

arado: una herramienta agrícola con una cuchilla pesada que se usa para partir la tierra

cosecha: cuando se recogen los cultivos

cultivos: grupos de plantas que se cultivan juntas

fertilizantes: mezclas que se aplican en la tierra para que las plantas puedan crecer

inventaron: crearon algo nuevo por primera vez

irrigación: proporcionar agua a la tierra usando zanjas, tuberías o arroyos

limo: pequeñas rocas y barro que quedan en la orilla de un río

nutrientes: cosas que alimentan la tierra y la vuelven más saludable

orgánicos: cosas que son totalmente naturales y que vienen solamente de animales o vegetales

pesticidas: sustancias químicas que se usan para matar insectos

raíz: la parte subterránea de una planta que absorbe minerales y agua de la tierra

sequía: mucho tiempo sin lluvia

silos: grandes edificios o espacios usados para almacenar cosas

sistema: una manera establecida de hacer las cosas

tractores: grandes camiones que tiran de cosas en una granja

Índice

Créditos

Agradecimientos

Un agradecimiento especial a Mark Roush y a la familia de Mark Roush por proveer la entrevista para "Un día en la vida de hoy". El Sr. Roush es un agricultor de Illinois.

Créditos de imágenes

portada Design Pics; pág.1 Design Pics; pág.4 (superior) Corel; pág.4 (inferior) Denver Public Library; pág.5 iStockphoto.com/Chad Reischl; pág.6 Clipart.com; pág.7 (superior) Mountain High Maps; pág.7 (inferior) Photos.com; pág.8 Corel; pág.9 (superior); The Library of Congress; pág.9 (inferior) The Granger Collecton, New York; pág.10 (superior) Hemera Technologies, Inc.; pág.10 (inferior) The Library of Congress; pág.11 (superior) iStockphoto.com/Russell Burns; pág.11 (inferior) The Library of Congress; pág.12 (superior) Corel; pág.12 (inferior) Denver Public Library; pág.13 (superior) Ablestock Images; pág.13 (inferior izquierda) Clipart.com; pág.13 (inferior derecha) Clipart.com; pág.14 Ablestock Images; pág.15 (superior izquierda) Corel; pág.15 (superior derecha) iStockphoto. com/Monica Perkins; pág.15 (inferior) Photos.com; págs.16–17 (superior) Photos. com; págs.16–17 (inferior) Photos.com; pág.17 (superior) iStockphoto.com/Chad Truemper; pág.17 (inferior) Teacher Created Materials; pág.18 iStockphoto.com/ Jordan Shaw; pág.19 Photos.com; pág.20 (superior) Hemera Technologies, Inc.; pág.20 (inferior) iStockphoto.com/Jordan Ayan; pág.21 Kasia/Shutterstock, Inc.; pág.22 Photos.com; pág.23 GeoM/Shutterstock, Inc.; pág.24 The Library of Congress; pág.25 The Library of Congress; pág.26 (superior izquierda) The Library of Congress; pág.26 (superior derecha) The Library of Congress; pág.26 (inferior izquierda) The Library of Congress; pág.26 (inferior derecha) Clipart.com; pág.27 (superior) Lenice Harms/Shutterstock, Inc.; pág.27 (centro izquierda) SaschaBurkard/Shutterstock, Inc.; pág.27 (centro derecha) Kevin Webb/ Shutterstock, Inc.; pág.27 (inferior) iStockphoto.com/Fernando Dinis; pág.28 Cortesía de Mark Roush; pág.29 Cortesía de Mark Roush; contraportada The Library of Congress